¿Qué es una elección?

Sherry Howard, M.Ed.

Asesoras de contenido

Cheryl Norman Lane, M.A.Ed.
Maestra
Distrito Escolar Unificado del Valle de Chino

Jennifer M. Lopez, M.S.Ed., NBCT
Coordinadora superior, Historia/Estudios sociales
Escuelas Públicas de Norfolk

Asesoras de iCivics

Emma Humphries, Ph.D.
Directora general de educación

Taylor Davis, M.T.
Directora de currículo y contenido

Natacha Scott, MAT
Directora de relaciones con los educadores

Créditos de publicación

Rachelle Cracchiolo, M.S.Ed., *Editora*
Emily R. Smith, M.A.Ed., *Vicepresidenta de desarrollo de contenido*
Véronique Bos, *Directora creativa*
Dona Herweck Rice, *Gerenta general de contenido*
Caroline Gasca, M.S.Ed., *Gerenta general de contenido*
Fabiola Sepulveda, *Diseñadora gráfica de la serie*

Créditos de imágenes: pág.11 Jake Lyell/Alamy; pág.15 The George W. Bush
Presidential Library; pág.17 (izquierda) Library of Congress; pág.17 (derecha) Smith
Collection/Gado/Getty Images; pág.18 Alexander Drago/Reuters/Newscom; pág.19
Brittany Murray/MediaNews Group/Long Beach Press-Telegram a través de Getty Images;
pág.20 Library of Congress [LC-USZ62-59401]; pág.25 (superior) UPI / Alamy Stock Photo;
pág.25 (inferior) UPI/Newscom; pág.27 Bettmann/Getty Images; pág.29 (inferior) Jeff Malet
Photography/Newscom; todas las demás imágenes cortesía de iStock y/o Shutterstock.

Library of Congress Cataloging-in-Publication Data

Names: Howard, Sherry, author. | iCivics (Organization)
Title: ¿Qué es una elección? / Sherry Howard.
Other titles: What is an election? Spanish
Description: Huntington Beach, CA : Teacher Created Materials, 2022. |
  "iCivics"--Cover. | Audience: Grades 2-3 | Summary: "In the United
  States, government leaders are elected. The nation's highest leader is
  the president. Every four years, voters choose who the next president
  will be. But the road to the White House begins long before Election Day
  and involves lots of people. Learn more about the complex process of
  electing government leaders"-- Provided by publisher.
Identifiers: LCCN 2021039551 (print) | LCCN 2021039552 (ebook) | ISBN
  9781087622750 (paperback) | ISBN 9781087624075 (epub)
Subjects: LCSH: Elections--United States--Juvenile literature. |
  Voting--United States--Juvenile literature.
Classification: LCC JK1978 .H6918 2022 (print) | LCC JK1978 (ebook) | DDC
  324.60973--dc23
LC record available at https://lccn.loc.gov/2021039551
LC ebook record available at https://lccn.loc.gov/2021039552

5482 Argosy Avenue
Huntington Beach, CA 92649-1039
www.tcmpub.com

ISBN 978-1-0876-2275-0

Contenido

Líderes del mundo 4

⭐ Salta a la ficción: ⭐
  ¡Voten por Katy! 6

Líderes de grupos 10

Campañas y elecciones 16

Día de elecciones 26

Participar 28

Glosario 30

Índice 31

Civismo en acción 32

Líderes del mundo

En toda familia hay un líder o dos. Quién es ese líder cambia en cada familia. Los líderes de una familia cuidan a todos. Se aseguran de que su familia tenga lo que necesita.

Las escuelas también tienen líderes. La mayoría de los líderes escolares son adultos. Pero los estudiantes también pueden ser líderes. Algunos estudiantes participan en patrullas de seguridad. Otros forman parte de consejos estudiantiles. Esos líderes hacen todo lo posible para asegurarse de que las escuelas y los estudiantes tengan lo que necesitan.

Líderes del gobierno de EE. UU. ayudan a una ciudad.

Las personas eligen a los líderes del gobierno. Los eligen mediante el voto. Los líderes pueden trabajar para ciudades, condados o estados. Algunos, como el presidente, trabajan para la nación. Los líderes nacionales se aseguran de que el país tenga lo que necesita.

Salta a la ficción

¡Voten por Katy!

Era el momento de elegir un nuevo consejo estudiantil. Katy quería ser presidenta del consejo, pero primero tenía que ser elegida. Decidió hacer carteles para su campaña. ¡A Katy le encantaba hacer carteles!

Una cosa que no le gustaba a Katy era hablar en público. Y para esta elección, iba a tener que pronunciar un discurso. Iba a tener que pararse frente a toda la escuela. ¿Qué esperaban los estudiantes que hiciera su presidente?

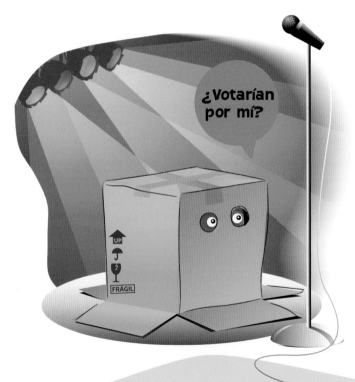

¿Votarían por mí?

Katy se preguntaba una y otra vez: "¿Qué puede hacer el consejo estudiantil para mejorar las cosas?". Se lo preguntó a los estudiantes. Se lo preguntó a los maestros. Hasta se lo preguntó al Sr. Knots, el director.

Todos querían algo diferente. Los maestros querían que los estudiantes trabajaran mucho y se divirtieran al aprender. Los estudiantes querían recreos más largos. El Sr. Knots quería que la escuela estuviera siempre limpia. Pero había algo en lo que todos estaban de acuerdo. Todos querían un césped nuevo para los campos de juego.

Katy ya sabía qué decir. Se puso a escribir.

Finalmente, llegó el día del discurso. El Sr. Knots habló primero. Dijo: "Recuerden pensar en lo que cada uno dice que hará por la escuela. ¿Pueden los candidatos cumplir sus promesas? ¿Tienen la capacidad de hacer lo que ellos dicen que harán?".

Juan fue el primer candidato. Dijo: "Necesitamos más tiempo de recreo. Voten por mí y me aseguraré de que tengan más tiempo para jugar". También prometió helado en el almuerzo una vez a la semana. Después hablaron muchos otros candidatos. Todos prometieron cosas divertidas. Katy se preguntó si podrían cumplir sus promesas.

Finalmente, llegó el turno de Katy. Respiró hondo y dijo: "Necesitamos césped nuevo para nuestros campos de juego. El que tenemos ahora está seco. Cuando sopla el viento, se levanta mucha tierra. No es seguro para nosotros. El Sr. Knots está de acuerdo con este cambio". Todos aplaudieron. ¡Les pareció una buena idea!

Después de oír los discursos, los estudiantes votaron. El Sr. Knots contó los votos. ¡Katy ganó la elección! A los estudiantes les gustó que ella hiciera una promesa que podía cumplir.

VOTA
por el
presidente
del consejo
estudiantil

Vuelve al texto de no ficción

Líderes de grupos

Algunos líderes son elegidos y otros no. Katy fue elegida para el consejo estudiantil. Su discurso convenció a los estudiantes para que votaran por ella. Las familias también tienen líderes. Las personas no eligen a los líderes familiares. Pero la mayoría de nosotros estamos de acuerdo en quién es el líder de nuestra familia.

Algunos líderes son **designados**. Por ejemplo, una clase puede tener un jefe de fila. El jefe de la fila es designado por el maestro para llevar a la fila de estudiantes a donde deben ir.

Las personas viven en comunidades, que son grupos pequeños. Algunas comunidades tienen líderes elegidos y otras no. Esos líderes pueden ser alcaldes o concejales.

Cuanto más grande es el grupo, más probable es que el lider sea elegido en lugar de designado. Cuando se elige un líder, todos pueden participan para decidir quién será.

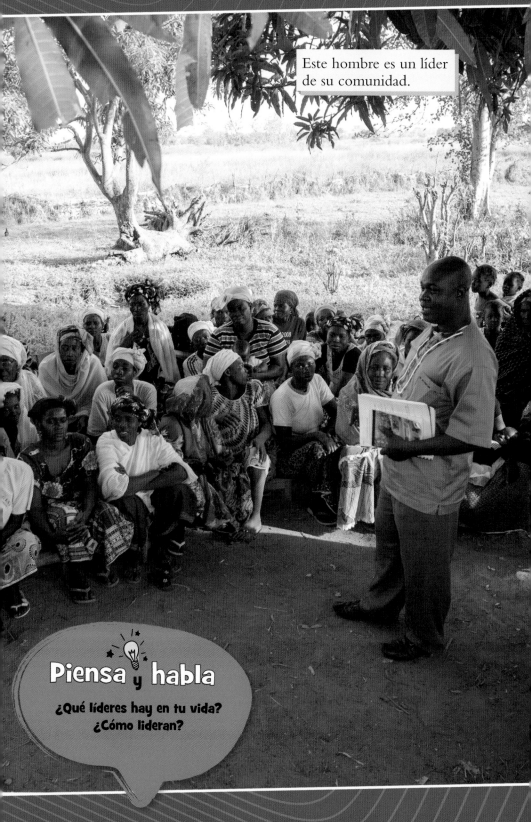

Este hombre es un líder de su comunidad.

Piensa y habla

¿Qué líderes hay en tu vida?
¿Cómo lideran?

En nuestro país hay grupos de todos los tamaños. A algunos grupos les cuesta trabajar juntos. Cuanto más grande es el grupo, más puede costarles. Las personas tal vez no estén de acuerdo en cosas importantes. Y puede ser difícil conseguir que se pongan de acuerdo.

Es por eso que los grupos grandes necesitan líderes. Los líderes ayudan a las personas a trabajar juntas por el bien de todo el grupo. Una vez que el grupo se pone de acuerdo sobre cómo avanzar, pueden progresar.

Los líderes elegidos se aseguran de que se paguen los **servicios**, como el de los bomberos.

Este alcalde ayuda a plantar árboles en un parque de la ciudad.

Una ciudad es un ejemplo de un grupo grande. Las ciudades necesitan cosas, como carreteras y escuelas. También necesitan tener agua, atención médica y otros servicios. Los líderes que son elegidos en las ciudades se aseguran de cubrir esas necesidades. Por ejemplo, tal vez una ciudad necesita un puente nuevo, pero las personas no se ponen de acuerdo sobre dónde debería construirse. Un buen líder se esforzará para ayudar al grupo a encontrar la mejor ubicación.

Los **votantes** tratan de elegir líderes que tomen buenas decisiones. Los votantes dependen de sus líderes para que los ayuden. Los líderes dependen de los votantes para mantenerse en su **cargo público**.

Así como en una ciudad las personas tienen que trabajar juntas, también deben hacerlo en los condados y los estados. Todos esos lugares, en conjunto, forman la nación. Quienes trabajan en el gobierno **federal** garantizan muchos servicios. Se aseguran de que todos reciban su correo. Deciden cómo gastar el dinero del país. Trabajan para protegernos. También hacen muchas otras cosas útiles. Pueden hacer todas esas cosas porque hay muchos líderes fuertes trabajando juntos.

El gobierno federal controla el servicio postal.

El expresidente George W. Bush se reúne con otros líderes del gobierno.

El máximo líder de Estados Unidos es el presidente. Representa las necesidades y los deseos de toda la nación. No todos estarán contentos con el presidente todo el tiempo. Pero el presidente trabaja con otras partes del gobierno para tomar las decisiones que sean mejores para todos.

En Estados Unidos, las personas eligen a los líderes de la nación. Estados Unidos es una **democracia representativa**. Es decir que los **ciudadanos** eligen a los líderes que ellos creen que harán el mejor trabajo. Tal vez no puedas votar todavía. Pero puedes aprender sobre quiénes se presentan como **candidatos**.

Raíces griegas

Estados Unidos es una democracia. La palabra *democracia* viene de dos palabras griegas: *dêmos* y *kratos*. *Dêmos* significa "gente común". *Kratos* significa "gobierno" o "fuerza". Por lo tanto, en una democracia, el pueblo tiene el poder.

Campañas y elecciones

Cada cuatro años, los estadounidenses eligen a un presidente en noviembre. Pero el proceso suele comenzar años antes. Los candidatos gastan cientos de millones de dólares para ser elegidos. Pagan anuncios en la televisión. Viajan por todo el país organizando eventos y reuniéndose con los votantes. Hacen carteles que las personas ponen en sus patios. Los votantes pueden sentirse abrumados por la cantidad de candidatos. Puede ser difícil saber cuál es el mejor.

Conocer a los candidatos lleva mucho tiempo. Las personas a veces van a escuchar a los candidatos en sus presentaciones. Leen sobre los candidatos en internet. Los candidatos hacen muchas promesas y hablan de sus planes. Los votantes tienen que decidir si están de acuerdo con esos planes.

Cada **campaña** tendrá un mensaje fuerte. Un mensaje es una manera rápida de decir lo que los candidatos creen que es más importante. Los votantes pueden saber mucho de los candidatos por sus mensajes. Los candidatos difunden sus mensajes todo lo que pueden. Los mensajes de los candidatos se repiten una y otra vez hasta que llegan las elecciones.

Un eslogan exitoso

Los mensajes de campaña suelen tener la forma de **eslogan** o frase breve. El presidente Dwight "Ike" Eisenhower tenía un eslogan famoso. Era simplemente "I like Ike" [Me gusta Ike]. Su campaña fue la primera en usar la televisión para llegar a los votantes.

Comités de campaña

Los candidatos no pueden ganar las elecciones por su cuenta. ¡Necesitan ayuda! Los candidatos crean comités de campaña. Son grupos de personas que quieren que esa persona gane las elecciones. Trabajan en equipo. Su objetivo es que su candidato sea elegido.

Algunos miembros de los comités de campaña cobran por su trabajo. Otros ofrecen su tiempo de forma gratuita como voluntarios. Consideran que es parte de su **deber cívico**.

Los voluntarios de una campaña preparan materiales para apoyar a su candidato.

Los comités de campaña pueden ser enormes. Puede haber miles de personas trabajando para cada candidato. Esas personas pueden vivir en todo el país. Ayudan a los votantes a conocer mejor a su candidato.

Participación en los comités

Es posible que hayas formado parte de un comité. Si trabajaste en un proyecto con otros estudiantes, fuiste parte de un comité. Los comités son grupos de personas que tienen el mismo objetivo.

Voluntarios

Los candidatos tienen que aprender a llegar a los votantes. Ese proceso puede llevar años. ¿Cómo pueden hacer los candidatos para saber qué quieren y qué necesitan los votantes? Pueden hacer lo que hizo Katy. Pueden preguntar.

Llevaría demasiado tiempo preguntarle a cada persona lo que quiere y necesita. Hay millones de votantes. Están repartidos por todo el país. Los candidatos necesitan ayuda para ganar las elecciones. ¡Aquí es donde entran los voluntarios!

Estos voluntarios apoyaban a Abraham Lincoln en las elecciones de 1860.

Cada candidato a presidente puede tener miles de voluntarios en su comité de campaña. Esas personas se reúnen con los votantes que viven cerca de ellos. Les preguntan a los votantes qué quieren o qué necesitan de un líder. Luego, les cuentan a los candidatos lo que dijeron los votantes. Eso ayuda a los candidatos a saber en qué deben trabajar.

Los voluntarios ayudan a los candidatos a conectarse con las personas. También les dicen a los votantes cómo pueden ayudar sus candidatos.

Kamala Harris se reúne en Iowa con gente que la apoya.

Partidos políticos

Unos meses antes de las elecciones presidenciales, la carrera se acelera. Los principales **partidos políticos** eligen a su candidato. El candidato de cada partido es la persona que los miembros del partido quieren que sea presidente.

En Estados Unidos hay dos grandes partidos políticos. Son el Partido Demócrata y el Partido Republicano. Los dos partidos eligen a sus candidatos de la misma manera. Los miembros del partido hablan y discuten sobre quién creen que es la mejor opción. Votan en elecciones primarias. Luego, los representantes de cada estado se reúnen en una convención y comunican cómo votó su estado. Después de contar los votos, el partido anuncia al ganador. Las personas celebran cuando eso sucede. Lanzan globos. Agitan pancartas y aplauden. La persona nominada sube al escenario. Es la primera vez que se le reconoce oficialmente como candidato a presidente. ¡Es un gran momento para ellos!

Diferentes épocas y medidas

Durante las elecciones de 2020, las convenciones fueron un poco diferentes. Debido a un problema de salud mundial, no era aconsejable que se reunieran grupos grandes. Los miembros del partido se reunieron en línea. Algunos se reunieron en grandes aparcamientos para poder escuchar desde sus carros mientras el candidato hablaba desde un escenario. Muchas personas celebraron desde sus casas.

Piensa y habla

¿Qué significa ser candidato a presidente?

El Partido Demócrata elige a Bill Clinton como candidato en 1992.

23

Debates

Después de las convenciones, queda una persona que representa a cada partido político en la carrera para la presidencia. Los siguientes grandes eventos son los **debates** de las elecciones generales. Durante los debates, los candidatos se reúnen en el escenario frente a los moderadores. El trabajo de los moderadores es hacerles preguntas a los candidatos y asegurarse de que no se desvíen del tema. Los moderadores se aseguran de que los debates sean justos y centrados.

Durante un debate, los candidatos se turnan para hablar. Pueden lanzar una moneda para decidir quién hablará primero. El moderador puede hacer una pregunta para que la responda el primer candidato. Después, el otro candidato tiene la oportunidad de contestar. La siguiente pregunta comienza con el perdedor del lanzamiento de la moneda y luego contesta el ganador del lanzamiento. El debate continúa así durante algunas horas.

Alrededor de una de cada cuatro personas en Estados Unidos ve los debates en directo. Los debates a menudo juegan un papel clave para ayudar a los votantes a elegir entre los candidatos.

Barack Obama y John McCain responden preguntas durante un debate para las elecciones generales de 2008.

JFK contra Nixon

El primer debate televisado tuvo lugar entre John F. Kennedy y Richard Nixon. Nixon iba primero en las **encuestas**, pero estaba cansado y se sentía enfermo durante el debate. Kennedy estaba descansado y llevaba maquillaje. Un tercio de los estadounidenses vio el debate en directo. Vieron lo mal que se sentía Nixon, y Kennedy pasó a encabezar las encuestas.

Día de elecciones

Por fin ha llegado el momento de votar. Los votantes han estudiado a los candidatos para poder tomar buenas decisiones. Es hora de que los votantes elijan a la persona que creen que hará el mejor trabajo. Esa persona será el próximo presidente.

Algunos votan en persona. Otros envían su **boleta electoral** por correo. Se cuentan los votos y se anuncia el ganador. Algunos celebran que su candidato ganó. Otros se entristecen porque su candidato no ganó. Es un momento emotivo para muchos.

Los votantes esperan en fila el día de las elecciones.

Ronald Reagan asume la presidencia en enero de 1981.

Los presidentes asumen su cargo en el mes de enero siguiente a su elección. Dan un discurso importante. Le dicen al país lo que quieren hacer como presidentes. Pero una persona sola no puede cambiar las cosas. Por eso, el presidente necesitará ayuda. Muchas veces, los miembros del comité de campaña van con el presidente a la Casa Blanca. Tienen que seguir trabajando en sus ideas.

Límite de dos mandatos

Los votantes eligen un presidente cada cuatro años. Si el presidente hace un buen trabajo, los votantes pueden elegirlo para que siga otros cuatro años. Eso se llama segundo **mandato**. Ningún presidente puede tener más de dos mandatos.

Participar

Katy ganó su campaña. Hizo preguntas y escuchó a los votantes. Compartió sus objetivos. Los votantes la eligieron.

Las elecciones no siempre son tan sencillas. Las elecciones presidenciales llevan mucho tiempo. Tienen un gran impacto en la nación.

Si encuentras un candidato que te guste, pregunta si puedes ayudar en su campaña. Es una gran oportunidad para aprender más sobre el proceso electoral. Se siente bien ayudar a alguien en quien crees. Confías en que esa persona trabajará por el bien de todos. ¡Puedes sentirte incluso mejor si la persona a la que apoyaste es elegida!

Ya sea como voluntario o de otra forma, es importante que participes. Haz preguntas sobre las personas que se presentan a las elecciones. Decide a qué candidatos apoyarás. Infórmate sobre los temas importantes. Un día, tendrás el derecho y el privilegio de votar en las elecciones.

Una candidata demócrata habla con un grupo que la apoya.

Glosario

boleta electoral: una hoja de papel o una tarjeta que se usa para votar en las elecciones

campaña: un conjunto de eventos que se organizan con un propósito en particular o con un objetivo común

candidatos: personas que se presentan a las elecciones

cargo público: puesto o trabajo en el gobierno

ciudadanos: personas que tienen derechos legales en un país; miembros de una comunidad

debates: eventos en los que las personas comparten opiniones sobre distintos temas

deber cívico: el deber que las personas tienen de servir a la sociedad

democracia representativa: una forma de gobierno en la que las personas votan para elegir a sus líderes

designados: nombrados para un puesto o un trabajo

encuestas: estudios en los que se les pregunta a las personas sobre sus preferencias

eslogan: una palabra o una frase que usa un grupo para atraer la atención

federal: relacionado con el gobierno principal o central de una nación

mandato: el tiempo durante el cual una persona ejerce un cargo político u oficial

partidos políticos: grupos de personas que se organizan para conducir el gobierno o para influir en las acciones de gobierno

servicios: trabajos realizados por grupos que no producen bienes; organizaciones que realizan ese tipo de trabajos

votantes: personas que votan en las elecciones

Índice

campañas, 16–18, 21, 27–28

candidatos, 22–26, 29

Clinton, Bill, 23

debates, 24–25

democracia, 15

Eisenhower, Dwight, 17

eslogan, 17

Harris, Kamala, 21

Kennedy, John F., 25

límite de mandatos, 27

McCain, John, 24–25

Nixon, Richard, 25

Obama, Barack, 24–25

Partido Demócrata, 22–23

Partido Republicano, 22

Reagan, Ronald, 27

voluntarios, 18, 20–21

Civismo en acción

Quienes quieran hacer cambios pueden trabajar para el gobierno. Entonces, ¡pueden tener un impacto en todo el país! Pero primero, deben ser elegidos. Los candidatos también deben dar mensajes claros a los votantes. Algunos candidatos tienen un eslogan pegadizo.

1. Averigua quiénes se presentan a las elecciones locales o escolares.

2. Decide por qué candidato votar.

3. Escribe un ensayo sobre tu candidato para persuadir a otros votantes. Apoya tu opinión con datos.

4. Crea un eslogan para el candidato.